LE ROLE

DU

MINISTÈRE PUBLIC EN MATIÈRE CIVILE

DISCOURS

PRONONCÉ

A LA SÉANCE SOLENNELLE DE RENTRÉE DES CONFÉRENCES

Le 20 Décembre 1890

PAR

Henri MARTIN

Avocat à la Cour d'Appel,
Attaché au Parquet du Procureur Général, Secrétaire de la Conférence.

POITIERS

IMPRIMERIE BLAIS, ROY ET Cie

7, RUE VICTOR-HUGO, 7

1890

LE ROLE

DU

MINISTÈRE PUBLIC EN MATIÈRE CIVILE

DISCOURS

PRONONCÉ

A LA SÉANCE SOLENNELLE DE RENTRÉE DES CONFÉRENCES

Le 20 Décembre 1890

PAR

Henri MARTIN

Avocat à la Cour d'Appel,

Attaché au Parquet du Procureur Général, Secrétaire de la Conférence.

POITIERS

IMPRIMERIE BLAIS, ROY ET Cie

7, RUE VICTOR-HUGO, 7

1890

Le samedi 20 décembre 1890, à deux heures,
l'Ordre des avocats à la Cour d'appel de Poitiers
s'est réuni, en robes, dans la salle d'audience de
la première Chambre de la Cour, pour l'ouver-
ture de la conférence des avocats stagiaires.

Etaient présents : M. Paul Druet, bâtonnier,
présidant l'Assemblée ; MM. Arnault de la Ménar-
dière, ancien bâtonnier, membre du Conseil ;
Parenteau-Dubeugnon, ancien bâtonnier ; Faure,
secrétaire ; Orillard, ancien bâtonnier, membre
du Conseil ; Normand, membre du Conseil ;
Pichot, ancien bâtonnier, membre du Conseil,
MM. Séchet, Mousset et Tornezy, membres du
Conseil ; MM. Dufour d'Astafort, Mérine, Ducos-
Delahaille, Poulle, Coulon, de Lesterps de Beau-
vais, de la Mardière, Bernaud, Bonnet (Maurice),
Richard, Fontant, Deloze et Bonnaud, avocats
inscrits au tableau.

La barre était occupée par MM. les avocats
stagiaires.

M. le Bâtonnier a ouvert la séance et prononcé
une allocution.

M. le Bâtonnier a ensuite annoncé la reprise des travaux de la conférence et donné la parole à M. Martin, qui a lu une étude sur *le rôle du Ministère public en matière civile* et prononcé l'éloge funèbre de M. Louis Marsault, avocat inscrit au tableau.

M. David a lu une étude sur *les relations des ouvriers et des patrons et sur les rapports entre le capital et le travail.*

Après ces deux discours, M. le Bâtonnier a réglé le service de la conférence pour les séances ultérieures, qui auront lieu tous les quinze jours, le samedi, à deux heures précises, puis il a déclaré la séance levée.

Poitiers, les jour, mois et an que dessus.

LE RÔLE

DU

MINISTÈRE PUBLIC EN MATIÈRE CIVILE

◄━━⦿⦿━━►

Monsieur le Bâtonnier,

Messieurs,

En me confiant la tâche de traiter à cette solennité
du « Ministère public au civil », votre Conseil ne comp-
tait point sans doute sur une étude approfondie de cette
importante question. Il me faudrait pour cela l'autorité
et le talent qui me manquent ; d'autre part, le cadre
étroit que je me suis imposé m'interdit les longs déve-
loppements. C'est pourquoi, brièvement et clairement
indiquer dans un aperçu rapide le rôle général de l'institution, en mettre en lumière les caractères princi-
paux et les points essentiels, dire sa noblesse et sa
grandeur, m'a semblé la seule tâche qui convînt à mes
forces, le seul but auquel j'eusse le droit de prétendre,

à condition toutefois que votre indulgence me soit assurée.

Au début des sociétés, quand la force régnait en maîtresse et qu'un différend s'élevait entre deux hommes, une lutte s'engageait et le plus fort l'emportait ; mais l'homme se civilisa peu à peu ; il eut conscience qu'au-dessus de la force brutale, comme sanction de ses intérêts, il existait autre chose de plus noble, et l'idée de justice naquit en lui : ce fut alors un tiers, un arbitre, un juge qui trancha le différend. Poussés par l'instinct qui rapproche les êtres dans la lutte contre les difficultés communes, les hommes se réunirent en familles, les familles en groupes, les groupes en nations : l'État existait, la société était née avec ses droits et ses devoirs, synthèse des droits et des devoirs de tous ; désormais, quand le différend s'élèvera, à côté des intérêts privés en jeu, un autre surgira: l'intérêt social ; l'idée du Ministère public apparaissait. Du jour où le châtiment d'un coupable, la revendication d'un droit deviennent questions d'ordre public, du jour où l'on comprend que sous l'intérêt individuel se cache l'intérêt général, de ce jour l'institution existe en germe. Et maintenant elle peut grandir, lentement à travers les siècles, tâtonnant au début, se perfectionnant à mesure que l'esprit humain s'épure lui-même, jusqu'au jour où, dépouillée des vieux abus, sortant radieuse et debout de toutes les tourmentes, elle atteint son apogée et devient pour l'œuvre de la justice le puissant auxiliaire qu'elle est aujourd'hui.

Mais longue et difficile fut son enfance.

A Athènes, nous la distinguons à peine dans les archontes, magistrats chargés d'intenter l'action quand le mort n'a pas de parents.

A Rome, l'action publique appartient d'abord à tous. Tant que les mœurs romaines restent pures et austères, l'accusation populaire offre peu de dangers ; mais Marius et Scylla, César et Pompée ensanglantent l'Italie. La tyrannie impériale succède à la République ; à l'antique pureté des mœurs, la corruption et la débauche, et l'accusation populaire devient un trafic, et les accusateurs d'ignobles délateurs à la solde du plus offrant. D'ailleurs, la décadence venait à grands pas et l'heure sonnait déjà où l'empire romain, comme un édifice vermoulu, allait s'effondrer sous les coups des barbares, moins peut-être que sous l'excès de ses vices.

Chez les barbares, peuples nomades et guerriers, l'idée de société n'existe pas et la vengeance privée est considérée comme le plus sacré des droits.

Charlemagne tente bien de réagir contre ces coutumes. Il supprime l'accusation populaire et crée les Saïons qui, suivant les formules compilées par Cassiodore, « devaient se rendre partie contre les violateurs « des lois, contraindre ceux qu'une sommation juri- « dique n'amenait pas devant le juge. Ils ne devaient « pas craindre d'attirer les haines, pourvu qu'ils de- « vinssent redoutables aux méchants ; ils étaient les « exécuteurs des sentences rendues par le juge auprès « duquel ils occupaient ». Efforts inutiles, car les débiles successeurs de l'empereur d'Occident allaient par leurs luttes incessantes laisser s'écrouler l'œuvre de Charlemagne, et l'instinct des peuples si grossiers encore régner à nouveau en maître.

Il nous faut aller jusqu'au xiv⁰ siècle pour que le Ministère public nous apparaisse avec les caractères d'une institution véritable. Aux termes d'une ordonnance de 1302, rendue par le roi Philippe le Bel, les procureurs deviennent des magistrats permanents près les Parlements. Sans doute, ils ne sont encore que les délégués des princes, la sauvegarde des intérêts royaux ; sans doute, l'institution est bien imparfaite, mais elle existe autrement qu'en germe, avec un rôle distinct, défini, précis ; déjà on peut prévoir ce qu'elle sera au jour encore lointain, mais sûr, de son épanouissement.

Cet épanouissement, il appartenait à notre siècle de le faire, car c'est la loi de 1810 qui crée définitivement l'institution. Il ne s'agira plus, désormais, pour le Ministère public, de veiller aux intérêts de quelque monarque dont il serait une façon d'intendant ; il sera la sauvegarde des intérêts de chacun ; il ne dépendra de personne, car il sera le serviteur de tous : l'avocat des faibles, des incapables, « le défenseur né de ceux qui « n'en ont pas, » suivant le mot de Portalis, ce sera lui. De graves intérêts sociaux sont-ils en jeu, il empêchera le mal ou le préviendra ; s'agit-il de simples intérêts privés, là encore il apparaîtra pour faire respecter la loi, répandre la clarté sur les points délicats du litige, en faire jaillir la vérité, guider le juge à travers les

difficultés d'une cause que la passion des plaideurs obs-
curcit, et mériter que Merlin dise de lui : « Quelles
« utiles et glorieuses fonctions ! S'il est quelque dignité
« parmi nous qui ne se présente à notre imagination
« sans annoncer de grands services à rendre et une
« grande gloire à mériter, c'est celle du Ministère pu-
« blic. Chacun de ses devoirs lui donne un droit au
« respect et à l'amour des hommes. Toute la société re-
« pose en paix sur la foi de cette vigilance ; il cherche
« partout un abus à réformer, un bien à établir. Le
« sanctuaire de la justice s'épure et s'ennoblit sous ses
« regards, et le livre des lois peut souvent s'ouvrir pour
« recevoir quelque décret conçu par sa sagesse ; les
« faibles et les opprimés le trouvent pour organe et
« pour protecteur, et, souvent, ils bénissent avec éton-
« nement cette personne inconnue qui leur a conservé
« des droits qu'ils ignoraient, et qui les relève des
« fautes de l'imprudence et du malheur. L'éloquence
« est l'instrument de la plupart de ses travaux, et
« conserve encore pour lui son ancienne souveraineté ;
« tous les citoyens lui doivent quelque chose, excepté
« les méchants, dont la perte et l'effroi achèvent sa
« gloire. »

Vous l'entendez, Messieurs, dans l'accomplissement
de sa double mission, qu'il agisse au criminel ou au
civil, c'est toujours le même intérêt général qui guide
le Ministère public ; et puisque aussi bien nous n'envi-
sageons aujourd'hui que la seconde partie de ses attributions, nous l'y verrons tour à tour protecteur des
faibles, représentant de la société, organe de la loi,

poursuivant toujours, avec les mêmes armes, c'est-à-dire les prescriptions et l'esprit de la loi, toujours le même but, c'est-à-dire le triomphe de l'intérêt social.

Au civil, le Ministère public nous apparaît tantôt comme partie principale, tantôt comme partie jointe. Dans le premier cas, il met en mouvement une action ; véritable partie en cause, il provoque la décision du juge ou y défend ; dans le second, c'est seulement quand le débat est terminé qu'il intervient, sans y ajouter d'élément nouveau, pour donner seulement ses conclusions. Tel est le principe, mais quel sera le *criterium* de la distinction ? Quand partie principale ? Quand partie jointe ? Avec cette question nous touchons, Messieurs, à une controverse qui, longtemps, divisa les auteurs et la jurisprudence, qui semble aujourd'hui à peu près définitivement tranchée, qui n'en est pas moins intéressante par les principes qu'elle établit et les conséquences qui en découlent, et que j'ai cru pouvoir utilement placer au début de cette étude.

Elle est née de l'interprétation de l'article 46 de la loi organique de 1810, ainsi conçu : « En matière ci-« vile, le Ministère public agit dans les cas spécifiés « par la loi. Il surveille l'exécution des lois, des arrêts « et des jugements ; il poursuit d'office cette exécution « dans les dispositions qui intéressent l'ordre public. »

Deux systèmes se donnèrent jour. L'un s'en tenant au premier paragraphe de l'article. « Le Ministère « public agit dans les cas spécifiés par la loi », lu, refusait le droit d'action dans tous les autres ; prenant au contraire l'article dans son ensemble, l'autre le lui accordait dans tous les cas où l'ordre public serait intéressé.

Les partisans du premier système que j'appellerai système restrictif s'épuisent en arguments spécieux pour essayer de prouver que le dernier paragraphe de l'article 46 est le corollaire, le complément, ou la confirmation du premier ; ils invoquent en outre les graves dangers pratiques du système adverse. Si le pouvoir d'initiative du Ministère public, c'est-à-dire sa voie d'action, n'est pas limité, disent-ils, à quels inconvénients la société n'est-elle pas exposée ! S'il dépend de lui seul de l'exercer toutes les fois qu'il pourra croire l'ordre public en danger, n'arrivera-t-il pas qu'il apportera parfois dans les familles le trouble inconsidérement, et qu'il fera naître le scandale qu'il a justement pour mission d'éviter ? Et d'ailleurs, où commence l'ordre public, où finit-il ? La notion n'en est-elle pas variable à l'infini ? Telle institution, la polygamie par exemple qui chez nous est un crime, n'est-elle pas chez d'autres peuples une institution fondamentale ?

Les partisans du second système, système extensif, repoussent énergiquement toute hypothèse de complément ou de confirmation, et enferment leurs adversaires dans ce dilemme : de deux choses l'une, ou le dernier paragraphe de l'article 46 ne confère au Ministère public que le droit d'agir dans les cas déterminés par la loi, et il est inutile et surabondant ; ou bien alors il lui donne un droit distinct, et ce ne peut être que celui d'agir sans qu'un texte spécial soit nécessaire.

Ils tirent enfin de l'historique de la question un argument plus solide encore.

La loi de 1790 s'exprimait ainsi: « Au civil les com« missaires du roi exerceront leur ministère non par « voie d'action, mais par celle de réquisition dans les pro« cès dont les juges auront été saisis. » Le Ministère public n'a pas d'action, son initiative est nulle. Les inconvénients naissent bientôt, nombreux et graves, de cette impuissance. Le législateur s'émeut bien, élargit par quelques dispositions particulières le cercle de ces attributions; mais le remède est lent, peu efficace. Puis, voilà que tout à coup des scandales éclatent, un père fait annuler le mariage de sa fille, disant qu'il n'avait pas donné son consentement, ce qui était faux; une femme fait prononcer la nullité de son mariage au moyen de pièces tendant à prouver que son mari était bigame; les pièces étaient fausses. Le Ministère public fait appel, les cours de Pau et de Bruxelles valident ces mariages annulés en première instance et Merlin dit que ces décisions violent gravement la loi. L'innovation s'impose, elle est nécessaire, et le législateur apporte un remède, « non pas un remède partiel qui ne « prévoit qu'un cas spécial, mais un remède général « qui prévoit toutes les fraudes et les étouffe dans leurs « germes, et il dit que toutes les fois que l'ordre public « sera intéressé, l'action directe appartiendra au Mi« nistère public. » Dans tous les cas spécifiés par la loi, dit-il aux Magistrats du Parquet, qu'ils intéressent ou non l'ordre public, vous agirez : c'est la première partie de l'article 46; puis en dehors de ces cas, toutes les fois que l'ordre public vous semblera engagé, vous agirez encore, sans qu'un texte spécial vous soit nécessaire; je n'ai pu prévoir tous les désordres, tous les scandales, je les ai tous embrassés dans une large formule : c'est la dernière partie de l'article 46. Objectera-t-on les dangers qui peuvent résulter de ce pouvoir d'appréciation presque illimité laissé au Ministère public ? Mais au criminel son droit d'action est absolu, il tient entre ses mains les plus chers et les plus sacrés parmi les intérêts, la vie, l'honneur des citoyens. Et pourtant personne ne songe à se plaindre, personne ne regrette ce pouvoir étendu, parce qu'il est salutaire, parce qu'il est indispensable , parce qu'enfin, après le Ministère public, il y a le juge, et : « Nous ne jugeons pas quant à nous, notre souffle « n'emporte pas ainsi les actes, notre parole ne décide « pas de l'honneur, de l'état, des intérêts et des droits « des citoyens. Nous venons porter nos doléances de-« vant vous, vous faire part de nos appréciations, les « soumettre à votre sagesse ; la barrière dont nous « aurions besoin, s'il en fallait une à notre conscience, « nous la trouverions ici devant nous et votre prudence « saurait modérer l'action de notre zèle. »

Longtemps, Messieurs, la jurisprudence proclama le système restrictif. Elle l'abandonna dans un premier arrêt de 1856 (21 mai, Dalloz 1856-1-208) et après quelques hésitations, elle se rallia définitivement au système extensif dans deux arrêts : 1° de 1862 (D. 1862-1-5); 2° de 1867 (D. 1867-2-98); enfin le 25 mai 1869 la Cour de Cassation s'exprimait ainsi : « Attendu qu'il

« est maintenant de jurisprudence constante que le
« Ministère public peut agir d'office par voie d'action
« principale, dans toutes les circonstances où l'ordre
« public est directement intéressé. »

C'était la jurisprudence, mais c'était aussi le bon
sens et l'équité. Nous allons faire un rapide examen
des matières où s'exerce l'action du Ministère public.
Nous y constaterons, qu'ayant pour but le triomphe
des intérêts sociaux, le maintien de l'ordre public et la
protection des faibles, le législateur a édicté des prescriptions spéciales : points de repère indispensables au
milieu du dédale immense de nos lois, indications né-
cessaires mises là, non pas tant pour arrêter l'initiative
du magistrat que pour le guider dans le large chemin
tout grand ouvert devant lui, laissant au surplus à sa
conscience le soin de l'arrêter quand il sera tenté d'en
sortir.

L'institution du Mariage devait avant toute autre
préoccuper le législateur. Base de la famille et de la
société, elle est entièrement liée à tous les intérêts de
l'État. La reproduction de l'espèce est son but immé-
diat, mais aussi et plus l'éducation de l'enfant qui, plus
tard, sera l'homme. Elle est en quelque sorte le criterium du plus ou moins de civilisation des peuples : dans
les races primitives elle n'existe pas; chez d'autres la
polygamie est en honneur. Dans une matière aussi
étroitement unie au fonctionnement de l'État, le droit
d'action du Ministère public s'imposait; aussi n'est-il
pas oublié au titre du Mariage; de nombreux textes y
règlent ses attributions, mais il reste encore bien des

points dans l'ombre, bien des questions délicates à tran-
cher, où l'interprétation peut se donner libre carrière.

Le mariage peut être entaché de nullités de deux
sortes : absolues ou relatives. Aux termes de la loi, le
Ministère public ne poursuit que les premières, qui
sont la bigamie, l'inceste, l'impuberté, le défaut de pu-
blicité, l'incompétence de l'officier d'état civil. Elles
vicient en effet le mariage d'une façon grave dans son
essence. L'ordre public en est troublé. Le spectacle
d'une union incestueuse, celui d'un époux déjà engagé
dans les liens d'un autre mariage sont un outrage pour
les bonnes mœurs, et le législateur a voulu que le Ministère public, représentant et gardien de l'ordre social
pût poursuivre l'annulation de semblables unions.

Son action lui est conférée par deux textes : Art. 190.
« Le Procureur de la République, dans tous les cas
« auxquels s'applique l'article 184, et sous les modifi-
« cations portées en l'article 185, *peut* et *doit* demander
« la nullité du mariage du vivant des deux époux et les
« faire condamner à se séparer. »

Art. 191. « Tout mariage qui n'a point été contracté
« publiquement, et qui n'a point été célébré devant
« l'officier public compétent, *peut* être attaqué par les
« époux eux-mêmes, par les père et mère, par les as-
« cendants, et par tous ceux qui y ont un intérêt né et
« actuel, ainsi que par le Ministère public. »

Une sensible différence nous apparaît au premier
abord dans la rédaction de ces deux textes. Tant qu'il
s'agit des nullités de l'article 191, c'est, sans nul doute,
une simple faculté de poursuivre qui appartient au Mi-

nistère public; que décider, au contraire, en ce qui touche celles de l'article 190, et que signifient, accolés ensemble, ces deux mots au sens si différent, *peut* et *doit* ? La question qui ne laisse pas que d'être délicate a donné naissance à deux interprétations. Les uns, sans s'étonner de la présence contradictoire de deux mots dont un seul eût amplement suffi, n'hésitent pas à voir dans l'article 190 une obligation d'agir pour le Ministère public. Entre les nullités absolues, disent-ils, il y a de très sensibles nuances de gravité dont il faut tenir compte. Les unes sont un trouble réel pour l'ordre public, une cause inévitable de scandale : l'inceste, l'impuberté, la bigamie ; et les magistrats du Parquet ont l'impérieux devoir de mettre en mouvement leur action pour faire cesser ce trouble et donner satisfaction à la morale publique outragée. Les autres sont aussi des manquements graves à la loi, mais rien de plus. L'ordre public est fort peu troublé par une union clandestine et personne ne songe à s'indigner d'un mariage contracté devant un officier d'état civil incompétent peut-être pour raison administrative. En pareil cas, le Ministère public pourra exercer son action, si bon lui semble. Au reste, ajoutent-ils, les travaux préparatoires et le discours de M. de Boutteville au Tribunal confirment pleinement notre opinion.

Je n'hésite pas, pour ma part, à la repousser, d'accord en cela avec la majorité des auteurs. Son premier tort grave est de ne point nous expliquer la jonction des mots *peut* et *doit* qui n'ont cependant pas été mis là sans raison ; nous avons, quant à nous, l'avantage de pouvoir donner cette explication. Il y a, dans la rédaction de l'article, une double idée : le Ministère public pourra demander l'annulation de ces mariages, mais il le devra du vivant des époux ; elle ressort clairement de la combinaison de l'article 191 avec les articles 187 et 188. Vous savez que les collatéraux n'ont d'action qu'après le décès des époux ; or, le législateur a voulu que le Ministère public pût agir de leur vivant ; mais, d'autre part, vous savez aussi que l'action d'un conjoint survit au décès de l'autre ; or , le législateur a fait une obligation au Ministère public d'exercer la sienne du vivant des époux dont il attaque le mariage. Mais il n'a nullement songé à la lui imposer, car son résultat serait la provocation du scandale qu'elle a pour mission d'étouffer. C'est une pure faculté qu'il lui a donnée, laissant à l'honnêteté impartiale du magistrat le soin de décider quand il sera opportun qu'il agisse. — Prenons des exemples : Demolombe suppose qu'un oncle a épousé sa nièce sans dispense, ou qu'une jeune fille a contracté mariage à quatorze ans, et le Maître se demande si le Ministère public poursuivra toujours, et quelles que soient les circonstances. Écoutez la réponse :

« Mais c'est vous qui allez provoquer, c'est vous qui
« allez porter le désordre dans les familles, et dans la
« société. Et si les parents eux-mêmes ont consenti au
« mariage de la jeune fille ; et si cet oncle et cette
« nièce sollicitent ou même ont obtenu des dispenses
« depuis la célébration, que direz-vous ! »

Si l'on nous objecte enfin l'opinion de M. de Boutte-

ville, n'avons-nous pas, pour la combattre, celle de
Portalis à lui opposer :

« Nous avons dit que le Commissaire du Gouverne-
« ment, que le Ministère public peut s'élever d'office
« contre un mariage infecté de quelqu'une des nul-
« lités que nous avons énoncées comme appartenant au
« droit public : l'objet de ce magistrat doit être de faire
« cesser le scandale d'un tel mariage, et de faire pro-
« noncer la séparation des époux; mais gardons-nous
« de donner à cette mesure confiée au Ministère public,
« pour l'intérêt des mœurs et de la société, une éten-
« due qui la rendrait oppressive et qui la ferait dégé-
« nérer en inquisition. Le Ministère public ne doit se
« montrer que quand le vice du mariage est notoire,
« quand il est subsistant ou quand une longue posses-
« sion n'a pas mis les époux à l'abri des recherches
« directes du magistrat. Il y a souvent plus de scan-
« dale dans les poursuites indiscrètes d'un délit obscur,
« qu'il n'y en a dans le délit lui-même. »

Le Ministère public a la faculté de demander l'annulation des mariages viciés par les nullités qui sont une
atteinte à l'ordre public ; mais pourra-t-il y former
opposition? Il ne s'est pas produit moins de trois systèmes sur la question. Le premier refuse formellement
au Ministère public tout droit d'opposition par appli-
cation du système restrictif; vous connaissez le raison-
nement : le Ministère public ne peut agir que dans les
cas spécifiés par la loi, aux termes de l'art. 44 de la loi
de 1810 ; or, aucun texte ne lui confère le droit d'opposition. Mais comme il faut bien expliquer justement

ce silence du législateur, on invoque le préjudice qui peut être causé par le retard apporté aux unions. Telle est l'opinion soutenue par Toullier, (t. I, 591 et 592 ;) Ortolan et Ledeau, (Du M. P., liv. II, t. I, ch. iv, n° 1,) et confirmée par un arrêt de la Cour de Paris du 26 avril 1833. (Sirey, 33, 2, 286).

Un second système lui reconnaît le droit d'opposition dans tous les cas où l'action en nullité lui appartient. Il se fonde sur le principe : « Qui peut le plus peut le « moins », et sur la maxime latine : « Meliùs est causam « intactam servare quam vulnerata causa remedium « quærere. » Comment ! le représentant de l'ordre social voit un scandale se préparer, un mal sur le point de se produire, mal et scandale qu'il aura, remarquez-le bien, le devoir de réprimer, et il n'aurait pas le droit de les prévenir ! Et cela pour éviter un retard de quelques jours à la célébration du mariage, mettant en balance, d'un côté, ce préjudice dérisoire, de l'autre la morale publique outragée, et l'ordre public troublé ! C'est l'opinion de Delvincourt, I, p. 120 et 128 ; Duranton, (II, 201 et 345), et de deux arrêts de Cassation : (1°) Req. rej., 2 décembre 1851. (Sirey, 52, I, 54); (2°) Civ. Cass., 21 mars 1856, q. (Sirey, 57, I, 111).

Le troisième système, plus large encore, donne sans restriction le droit d'opposition au Ministère public, qu'il s'agisse d'un empêchement dirimant ou simplement prohibitif, pourvu que l'ordre public soit intéressé à cette opposition. Il est la conséquence logique du système extensif; il a pour défenseur Demolombe, et quelques arrêts sont venus l'adopter : Bordeaux, 20 juillet

1807 (Sirey, 9, 2, 399); Limoges, 17 janvier 1846.
(Sirey, 46, 2, 91).

C'est, à mon sens, aller un peu loin. Tout ferme partisan que je sois du système extensif, je ne crois pas toutefois que, pour être logique, il soit indispensable de le pousser à ses extrêmes limites. Que le Ministère public s'oppose à une union dont il pourra et devra demander l'annulation plus tard, rien de plus naturel; qu'il prévienne le mal qu'il est appelé à réprimer, rien de plus juste; mais que son droit d'opposition s'étende plus loin que son droit d'action, voilà qui me semble par trop logique, et parfaitement inutile d'ailleurs. Où a-t-on vu, en effet, que l'ordre public ait été troublé d'une façon grave par une union entachée de nullité résultant d'un simple empêchement prohibitif?

Le premier système étant trop étroit, le troisième trop large, le second conforme à l'équité sans être en désaccord avec les principes, je me rallie au second.

Tel me paraît devoir être le rôle du Ministère public en tant qu'il poursuit l'annulation de certains mariages ou s'oppose à leur célébration; mais s'il est des unions dont la seule existence est un trouble pour l'ordre public, et une offense pour les bonnes mœurs, il en est d'autres, par contre, dont la dissolution produit le même trouble et provoque le même scandale; la question se pose alors de savoir si les magistrats du parquet pourront poursuivre la validité des mariages comme leur annulation, et faire appel des décisions qui les annulent quand ils les croient valables. Elle est controversée, mais comme elle n'est, en réalité, que la dis-

cussion de l'art. 46 de la loi de 1810, dont j'ai parlé tout
à l'heure, je ne crois pas nécessaire d'insister beaucoup à nouveau. Évidemment, le système restrictif refusait ce droit au Ministère public pour la raison
qu'aucun texte ne le lui donnait ; le système extensif,
au contraire, le lui accordait chaque fois que l'ordre
public y était intéressé ; j'estime que c'est là la juste
solution, me rappelant, au surplus, que ce sont deux
affaires du même genre qui signalèrent au législateur
les lacunes dangereuses de la loi de 1790 et par cela
même provoquèrent celle de 1810.

En cas de séparation de corps et de divorce, la voie
d'action appartient encore au Ministère public. La loi
de 1886, dans son art. 240, la lui donne en ce qui
touche les mesures relatives aux enfants, et toutes
autres ayant un caractère d'urgence, par exemple, les
demandes d'aliments. L'art. 302 dit que les enfants se-
ront confiés à l'époux qui a obtenu le divorce à moins
que le Ministère public ne demande à ce qu'ils soient
confiés aux soins de l'autre époux ou même à ceux
d'une tierce personne. L'art. 302 s'applique également
à la séparation de corps.

Rappelons enfin, en terminant, que si un acte de
mariage a été frauduleusement supprimé par l'officier
d'état civil et que ce dernier soit décédé, le Ministère
public aura, pour faire rétablir l'acte, une action
contre ses héritiers :

Nous venons de voir, dans le mariage, le Ministère
public représentant de la société et gardien de l'ordre
public ; faisons un pas de plus et nous verrons son rôle

grandir encore, quand il s'agira de l'état des personnes.

La matière de l'Interdiction, Messieurs, était bien faite aussi pour préoccuper le législateur.

Outre que l'ordre public est fortement intéressé à ce qu'il soit mis un frein aux débordements d'un fou, et un obstacle aux dangers qu'il occasionne, une autre considération s'élève, importante et grave. Ce fou ou ce dément ne peut marcher seul au milieu des difficultés de la vie; un soutien lui est nécessaire, un défenseur qui le protège contre les embûches que dresseront parfois, sous ses pas, les cupidités suscitées par sa faiblesse.

Qui sera ce soutien, sinon tout naturellement le protecteur des faibles, le défenseur-né de ceux qui n'en ont pas, le Ministère public en un mot? S'agira-t-il d'un fou furieux, qu'il ait ou non des parents, le magistrat provoquera son interdiction, car il est un danger réel et permanent pour l'ordre public ou pour les personnes ; s'agira-t-il d'un simple dément, il n'exercera son action que si le dément n'a pas de parents : entouré des siens et surveillé par eux, il n'est plus susceptible en effet d'apporter le trouble dans l'État ; ils sont en outre l'appui et la protection qu'il lui faut.

Mais à côté du fou et du dément, il y a le prodigue, aussi, le faible d'esprit qui compromet, en dérèglements de toutes sortes, son patrimoine et celui des siens: celui-là peut être pourvu d'un conseil judiciaire. Il n'est pas tout à fait un incapable, mais il lui faudra pour l'accomplissement de certains actes l'assistance d'une personne raisonnable, éclairée, son conseil judiciaire. — Aux termes de l'article 514, cette mesure peut être provoquée par ceux-là mêmes qui ont le droit de demander l'interdiction. Il me semble que le droit d'action du Ministère public ressort clairement de cette disposition. « Cet article, dit Marcadé, parle des per-« sonnes qui peuvent demander un conseil et l'article « précédent nous a dit que les actes par lui indiqués « peuvent être défendus. Il n'y a donc jamais que simple « faculté de provoquer une nomination de conseil. En « conséquence, le Ministère public n'est jamais forcé « d'agir ; il peut seulement le faire, et on sait qu'il ne « le peut que quand il n'existe ni conjoints ni parents. » Ce n'est donc qu'une pure faculté de provoquer la nomination d'un conseil judiciaire qui appartient au Ministère public, et au cas seulement où le prodigue n'a pas de parents. (Delvincourt, sur l'article 514, Demolombe 8-703, Rouen, 5 décembre 1853, Sirey, 55,2, 561.)

Celte doctrine a été fortement combattue par quelques auteurs. (Toullier, t. II, n° 1372 ; — Duranton, t. III, n° 803 ; — Zachariæ, t. I, p. 274, — Chardon, *Puissance titulaire*, n° 262.) Leur première objection est tirée du projet primitif du Tribunat. Le Tribunat avait demandé qu'à l'article 514 ainsi conçu : « Cette défense peut être « provoquée par ceux qui ont droit de demander l'in-« terdiction, » on ajoutât ces mots : « excepté toute-« fois les Commissaires du Gouvernement. » Ils objectent en second lieu que l'ordre public n'est nullement intéressé à la répression des dérèglements d'un prodigue.

Il est parfaitement exact que le Tribunat ait proposé une adjonction à l'article 514 ; mais le Conseil d'État l'a rejetée et voilà dans quelles circonstances : dans le système proposé par le Tribunat on accordait au Ministère public le droit de demander l'interdiction pour cause de démence ou d'imbécillité, même quand le dément aurait des parents pour la provoquer ; on lui refusait par contre le droit absolu de provoquer la nomination d'un conseil judiciaire. On comprend admirablement, qu'en repoussant la proposition principale du Tribunat, le Conseil d'État laissât aux magistrats du parquet la faculté que lui accordent Demolombe et Delvincourt.

Est-ce qu'au surplus deux puissants intérêts ne la justifient pas : celui du prodigue auquel il faut un appui et un soutien, celui de la société fatalement compromis, quand les errements de cet homme lancé à corps perdu dans la voie du désordre en auront fait un malheureux sans ressources, incapable de travail, rendu peut-être dangereux par son dénûment et par son inconscience.

La loi du 30 juin 1838, allant encore plus loin dans la voie du système extensif, donne au Ministère public le droit absolu de faire enfermer dans les asiles d'aliénés les malheureux atteints de folie, indépendamment de toute mesure d'interdiction.

Messieurs, si j'ai placé en tête de cette étude rapide le Mariage et l'Interdiction, c'est avec intention. Intéressant les personnes au premier chef, intimement liées à notre organisation sociale, ces matières s'imposaient tout d'abord à mon attention. Mais elles ne sont pas les seules qui aient préoccupé le législateur. Il en est beaucoup d'autres qui, pour mettre en jeu des intérêts moins graves, n'en sont pas moins signalées à la vigilance active des représentant de la loi ; nous les trouvons à chaque pas de nos Codes, à chaque pas des lois spéciales qui sont venues les compléter.

L'Absence est de celles-là. Elle met en jeu deux intérêts : l'intérêt général d'abord, synthèse des intérêts particuliers, et qui souffre de l'abandon et du dépérissement des biens de l'absent ; ensuite l'intérêt de l'absent lui-même, souvent retenu par des causes indépendantes de sa volonté, impuissant à regagner sa patrie. « Le « Ministère public, dit l'article 114, est spécialement « chargé de *veiller* aux intérêts des personnes présu- « mées absentes et il sera entendu sur toutes les « demandes qui les concernent. » On ne s'entend pas d'une façon unanime sur le sens de cet article et plus spécialement sur celui du mot *veiller*. Les uns partisans du système restrictif, soutiennent que le Ministère public, en matière d'absence, ne peut qu'être entendu comme partie jointe, qu'au reste le Ministère public n'agissant pas d'office pour les Mineurs et interdits, on ne voit pas pourquoi les absents qui sont certainement moins intéressants, leur seraient préférés. — Je répondrai, qu'indépendamment du droit incontestable qui appartient au Ministère public d'agir toutes les fois que l'ordre public se trouve intéressé, l'article 114 lui enjoint de veiller, qu'il lui en faut par conséquent le moyen, que le seul qu'il puisse avoir est justement son action ; qu'enfin les mineurs et interdits ont leur tuteur, et que, malgré cela, le juge de paix a cependant, dans certains cas prévus par les articles 406 et 407, le droit d'agir d'office dans leur. intérêt.

Faudra-t-il dire que le Ministère public pourra d'office intenter contre les tiers les actions du présumé absent? Des auteurs l'ont soutenu ; c'est, à mon sens, dépasser la pensée de la loi et perdre de vue la noblesse de son rôle que de le contraindre à se mettre en rapport avec des tiers dans le but de traiter avec eux des questions de simple intérêt privé.

Le Ministère public provoquera donc les mesures conservatoires, fera constater les présomptions d'absence, requerra toutes mesures d'administration. La déclaration d'absence, en confiant aux parents de l'absent la gestion de son patrimoine, leur laissera la responsabilité de ses intérêts et mettra fin au rôle du Ministère public comme partie principale.

Les actes de l'état civil, qui donnent aux particuliers l'existence légale, en font des citoyens, fournissent la preuve des actes les plus importants de leur vie, tiennent aussi à l'ordre social. Plusieurs cas peuvent se produire : 1° des actes ont été omis ; 2° des registres entiers ont disparu; 3° des actes ont été altérés ou sont irréguliers.

En premier lieu, c'est un avis du Conseil d'État du 12 brumaire an XI, qui donne au Ministère public mission de poursuivre leur rétablissement sur les registres incomplets.

En second lieu, c'est une loi du 25 mars 1817 qui, dans son article 75, donne au Ministère public le droit de provoquer les jugements à l'effet de remplacer les registres disparus.

En cas d'altération ou d'irrégularité d'un acte de l'état civil, quel sera son droit? On n'est pas d'accord. Les uns disent qu'il n'en a pas, parce que la loi de brumaire est restreinte à la seule omission et que le Code ne lui en confère pas. Les autres, et je me rallie à cette opinion, se fondant sur le principe du système extensif et voyant là un trouble apporté dans l'ordre public, reconnaissent au Ministère public le droit de provoquer la rectification des actes altérés ou irréguliers. (Cassation, 22 janvier 1862. Sirey, 1862, 1,268.)

Quant au silence du Code il est suffisamment, expliqué par l'avis de l'an XI qui le dispense d'édicter une disposition désormais inutile.

En matière de successions, le Ministère public nous apparaît comme protecteur des faibles, quand aux termes des articles 819 C. c., 911 et 930 C. p., il fait apposer les scellés sur les effets d'une succession où il se trouve des mineurs, des absents ou des interdits ; protecteur des incapables encore quand, aux termes de l'article 2138 C. c., il requiert l'inscription des mineurs, des interdits, des femmes mariées ; quand, aux termes de l'article 2145 C. c., il se porte partie principale dans les demandes en restriction de l'hypothèque légale de la femme mariée ; comme gardien des intérêts sociaux, quand aux termes de l'article 37 de la loi de 1844 sur les brevets d'invention, il poursuit les nullités et les déchéances dont ces brevets peuvent être entachés. S'il est moins défini, moins précis, le rôle du Ministère public comme partie jointe est aussi important, aussi délicat, plus vaste. L'action qu'il mettait en mouvement tout à l'heure disparaît ici pour faire place à une simple intervention quand le débat entre les parties est terminé, intervention qui n'apporte au débat aucun élément nouveau, son seul but étant d'éclairer le juge sur le seul litige qui lui est soumis. La discussion s'est engagée entre les parties, c'est-à-dire les adversaires ; excités par le désir du gain, ils ont souvent caché au juge tout ce qui était de nature à le compromettre, laissé tout au moins dans l'ombre les points qui leur étaient favorables, mettant au contraire en pleine lumière, faisant valoir par l'organe de l'avocat ce qui tendait à leur donner raison. La passion qui les anime a dénaturé les faits, travesti la vérité, qui est apparue au juge obscure et diffuse. Alors se lève le magistrat du Ministère public : le triomphe du droit est son but, les prescriptions de la loi ses moyens ; son esprit est animé d'immense impartialité. Il remet les choses au point, atténuant les exagérations, dénonçant les dissimulations; il néglige les détails de fait parmi lesquels le droit s'est noyé et la vérité sort triomphante de ses explications, et la sentence du juge est à moitié rendue. « S'il conclut « au civil, qu'il ne se lève jamais qu'après un mûr et « minutieux examen de toutes les pièces des dossiers ; « que son argumentation soit simple, nerveuse et con-

« cise, qu'il réagisse contre la tendance trop fréquente
« de tout transformer un fait et s'attache plus particu-
« lièrement à mettre le droit en lumière, qu'il évite
« soigneusement de suivre les plaideurs dans le champ
« clos d'hypothèses souvent oiseuses, se souvenant
« qu'après la discussion des avocats, il ne lui reste qu'à
« faire un résumé indicateur des considérants du juge-
« ment ou de l'arrêt (1). »

Mais les litiges varient en gravité. Les uns ne touchent
que de loin à l'ordre social et n'impliquent pas nécessairement l'intervention du Ministère public. Les autres
au contraire touchent de près à l'intérêt général, et
leur issue peut troubler l'ordre public ; des incapables
y sont parfois mêlés, des faibles auxquels une impartiale
protection est indispensable. Dans ceux-là le législateur
a voulu que le Ministère public intervînt toujours, que
toujours la société affirmât ses droits par la bouche de
son représentant naturel. Ce sont les affaires communicables, nécessairement suivies des conclusions du
Ministère public. Mais leur choix ne pouvait être aban-
donné à l'arbitraire du magistrat, et la loi les lui désigne
tant dans nos Codes eux-mêmes que dans les dispositions
spéciales survenues pour en combler les lacunes. Et
presque partout, dans l'énumération de l'article 83 du
Code de Procédure comme dans les autres textes, le
but nous apparaît toujours le même : l'intérêt général
avant tout, la protection des faibles plus que tous
autres. L'article 83 fait communicables les affaires

(1) M. Péret, ancien procureur général, conseiller à la Cour de Cassation.
Discours de rentrée du 3 novembre 1882.

qui concernent l'ordre public, l'État, le domaine, les communes, les établissements publics, l'état des personnes : voilà pour l'intérêt général ; celles qui concernent les tutelles, les mineurs, les personnes présumées absentes, etc., etc., voilà pour les incapables. — Et quand ni l'intérêt général, ni celui des faibles ne sont en jeu, il s'agit pour les parties de si graves intérêts pécuniaires que l'on comprend encore l'intervention du Ministère public, les sages précautions du législateur lorsqu'il rend communicables les demandes de cession de biens faites en justice (art. 900 C. p.), les affaires sur saisie immobilière, et les incidents en matière d'ordre (art. 762 C. p.).

Messieurs, j'arrête ici cette modeste étude. Mon ambition n'est point excessive et si de ce court aperçu se dégage nettement la noblesse de l'institution dont j'ai voulu tracer les grands traits, j'aurais à peu près atteint mon but, et il ne me resterait plus qu'à vous remercier de votre indulgente bienveillance, de la sympathie cordiale dont vous accompagniez mes premiers pas dans la carrière difficile du barreau, si un dernier et pénible devoir ne s'imposait à moi.

L'année judiciaire qui vient de s'écouler a été, comme la précédente, marquée d'un nouveau deuil pour notre Ordre. Au mois de juin dernier, un membre de votre conseil, parlant au nom de tous, prononçait sur la tombe de Louis Marsault quelques paroles émues. Il m'appartient aujourd'hui, au nom de ses amis, de ses camarades, de ses jeunes confrères, de lui adresser par-delà la tombe le suprême adieu de l'amitié. Beaucoup d'entre vous, Messieurs, l'ont peu connu, mais la faute, hélas ! n'en fut point à lui. A la Faculté de droit, où ses brillants travaux lui valurent maintes fois les plus hautes récompenses, ses professeurs n'ont pas perdu le souvenir de sa belle et solide intelligence, ses condisciples celui de sa généreuse nature, et de sa loyauté à toute épreuve. Il allait récolter les fruits de ces fortes études, se mêler aux travaux de nos conférences, profiter de vos sages conseils, quand la maladie vint, impitoyable, le clouer sur sa couche de douleur. De longs mois, il souffrit, sans une plainte, sans une colère, et quand la mort, qui fauche souvent les meilleurs, vint pour l'arracher à l'affection des siens, elle le trouva qui l'attendait, tout prêt, sans défaillance. Il mourut, Messieurs, comme il avait vécu, laissant à ceux qui le suivirent dans sa courte existence, le souvenir durable d'un cœur généreux et d'une âme forte.

Poitiers. — Imp. BLAIS, ROY et Cie, rue Victor-Hugo, 7.

Imp. Blais, Roy et Cie